Joanna Lisiak

SPAM POETRY

**Poetische Destillate
aus Junk/Spam-Mails**

Umschlagabbildung: „Im Freien", 2017, Öl auf
Leinwand von Mariola Lisiak

Die Deutsche Nationalbibliothek verzeichnet diese
Publikation in der Deutschen Nationalbibliografie;
detaillierte bibliografische Daten sind im Internet über
dnb.dnb.de abrufbar.

Herstellung: BoD – Books on Demand, Norderstedt,
Deutschland.

ISBN 978-3-74609-986-6

SPAM POETRY

Poesie
aus Spam/Junk-Mails

© Joanna Lisiak

Die Lyrikerin Joanna Lisiak hat aus den soge-
nannten Spam-Emails Gedichte destilliert. Diese
Methode hatte sie in einem komplexeren Umfang
bereits bei anderen lyrischen Projekten angewen-
det, darunter auch für das Buch *Klee composé –
Lyrik mit Paul Klee* (2010, Littera Verlag Zürich,
2013 als eBook, dotbooks Verlag, München)*,* wo
sie sich Paul Klees Vokabular bediente oder bei
wie du die tage anschraubst (2017, scaneg
Verlag, München), wo die Grundlage die
Korrespondenz mit einem befreundeten Künstler
war.

Das vorliegende Material wurde jeweils im
Original einer Spam/Junk-Email unverändert
entnommen, inklusive der Fehler.

hallo

können sie
auf knopfdruck bereuen?
heyaiajanauuj –
hier werden sie
später eingeholt
wenn nicht
dann wird es
allerhöchste zeit

I must confess

I want to share my
experience
with you however
I cannot reveal
all the information
inotherwords
I am constrained to
hold back

I intend to share
with you
we can discuss this
matter
that is of high
importance to me
you may go public which
will be
rather unfortunate

I will be more explicit
after digesting

integrität

unser kollege investiert
sehr viel:
aufmerksamkeit
sorgfalt
kooperation

in den letzten jahren
auch 5 bis 10
verdächtige bewegungen

das wurde schnell
aufgespürt

live

if this is what you
truly need
then you need to
watch this
explosive
sensational
and 100% risk

you have to
live now
moreover
today
but never again

you have 30
sincerely minutes
to make
another person
ripped off

herr vertrauenswürdig

gibt 1% nur
40 jahre details
wenn interessiert
sich mit mir
dann meine ich
freundlich

my client is interested
in silent acting
for a period
of ten years

to proceed please
plan study and
specify the sector
of your interest
we take further
decisions
overseas because
we do not want the
governement to know

wir suchen in
verschiedenen
städten deutschlands

wir können
einfache arbeit
vereinbaren mit uns
es gibt kein risiko

mehr als 200
menschen arbeiten
sie nicht mehr
als drei stunden und
erregen keinen verdacht

wir vergrössern jetzt
ihr interesse:
20 prozent
gerne abweichend

unser manager
entschuldigt sich
wenn er gestört hat

welcome

this is famous material
one of the considerable
diversity
we have kim
shaped from foshan city
guangdong china
polishing hard working
and full of capacities

a new technical
treatment
with a brush
in-house
6.5 meter-long
such special energy!

after all we are
equipped
for best services
is our mission

z.b.

sorgfaltig glatten
sinnvoll für alle

ein vertreter wird
in ihrer region
verwaltet

und wir antworten darauf

wir suchen mit der
perspektive
der ständigen arbeit
wir erklären
der europäischen und
weltwirtschafts-
gemeinschaft
die zusammenwirkung
verschiedener
bedingungen

I recommend

I met a really
interesting
guy yesterday
he's really like
you and me
pure basically
his name is
Richard Quincy
go and meet him too
see chat get
started his system
he's so eager

gibt es neugier

wir mussten selbst
herausfinden

jessica real sprunghaft
in der lage
drei kinder zu stellen
sie streckte
nur ein wenig
stiess bequem auf
und entdeckte
den glücksfall bevor sie
es wirklich wusste

erstaunliche geschichte

sincerely

please for God sake
do not
see myself
as embrassment
for I am Miss Rose
I prayed before
contacting you
I wish you confidence
my dear
in my efforts
I am a nice orphane
please take care
as we do in Ivory Coast

unser staat ist
unannehmlichkeiten
unterzogen
infolgedessen
befindet sich
gestohlenes geld
und der rat
online

satisfactory
products
from famous
manufacturers
please
benefit
profit
there must be a few
minutes

in jedem winkel der welt

beachten sie
dass diese sparkasse
nach vervollständigung
der vorteile
abläuft

respektvoll kombinierbar
und bequem

I am monitoring
in a good manner

Doctor is my health good
I hope since I am
checking foreigners
I look for clarification
vital information
is welcome

I learnt to only operate
alone in my appartment
family is genuine while
I am expecting reply
still

next situation is here
to attack
please come over and
assist me share because

it is necessary
to benefit together
alongside your interest
claim your kin
but keep top secret this

unfortunately somebody
discovered I died

wir warten auf feedback

jack behauptete deutlich
dass du tot gebracht
folglich kommt hier
die grosse frage
bist du tot
oder versuchen
mr. dean und
mr. morgan
uns abzulenken etwas
glauben zu machen

bitte wenn nicht
sofort informieren
hier unterschreiben und
uns freundlich
zu bestätigen
aber noch genehmigen
von david

I assume beyond
reasonable doubt

circumstances are
surrounding me

three

was it in London
or in Madrid
is this the same
at the end?

aufgrund unserer
richtlinien

zur sicherheit sind sie
komplett eingefroren

diese massnahme ist
unabdingbar

wir bitten um
verständnis

nur so details

ich bin peter
der herr der assistenten
besitzer der finanzen

brauchst du
brauchen sie
braucht ihr
zuverlässiges
garantieleist?

um es zu bekommen
erreichen sie mich bitte
für weitere
verarbeitungen
an meiner adresse
hier ist der ort
für den zeitraum
von 1 bis 40 years
zu 1,5%

information

I am a head with a
system
conducting the
circumstance
surrounding the essence

can you take care of it
and keep the deposited
issues confidential

thank you for that

at this point I am
a huge considerable
opportunity
whether you like it
or not

are you aware
that I handle and
conclude
sincerely constrained

nachricht aus london

sie können durch
südamerika
europa ozeanien asien
und nigeria gehen
präsident goodluck
behauptete
sie sind ein glücklicher
mensch

sie werden mit
mr. richard graves
aus den usa in
zusammenarbeit
frustrieren
top-nigerianische
regierungsbeamte
sind erfüllt
generalsekretär
ban ki-moon
wird sie anrufen
danach werden sie
umgeleitet

ich habe sehr begrenzte
zeit zu reagieren

I hope
me with you

full and
all below
should you
prefer more
I can with you

well

gesamtsumme

ihre rechnung
wurde
automatisch
erzeugt

sie nicht

good day

to your limited families
I need you for full
for today is not good

mein geld

ich sage ihnen was
das war ziemlich illegal
aber wir haben risiko
und uns zeit genommen

eine geldquelle
verschiedener
währungen wurde entdeckt
bei einem der
alten paläste

hier auf einem bauernhof
in fässern pflege ich
mein problem
von $ 16,5 millionen us
dollar
16500000 united states
dollar

in der hölle loch
will ich
dich fragen bruder

wie viel du mir nehmen
von diesem geld

you must read
to understand

timing is tight now
you have
an enormous breast
at the moment
that is your window
that does it
benefit
benefit

möchten sie verdienen

dauerhafte
schwierigkeiten
grundlegende
zielstrebigkeit
umgang mit
erreichbarkeit
ist ein muss

pro woche fünf
arbeitsstunden
vertraulich beschäftigt
ist ihre tätigkeit eine
optimierung für unsere
provision

how I feel

my old comrade
I share with you
pure truth
and underneath
a thought

solid gold
shaped
traded
sold
stolen
lost

my whole family
is in sadness

I think I achieved
the irridation of yours

wie

abnehmen linette
ohne sich zu bewegen
wie spass haben
mühelos glücklich sein
endlich un-kompliziert
eine figur bekommen
und essen
was sie wollen

someone inspired me

feelings were perceived
from fondness
to the person
from time to time
repeat this please
where rare whether when
whenthat
withanother man

remember magic moments
recall Russian
Federation
do appreciate the past
live that bond
and want and care
I will get you Saratov

aufrichtige
entschuldigung

ich habe verdunkelt
sechzig kalendermonate
liegen gereift
in hong kong

bei fälligkeit
werden sie
angreifen die geldbörse

ich vertraute mir
ausser mir wusste das
einer
er war in meinem büro
bitte beobachten sie
streng den anwalt
mr. jun huan

the movie is currently
filming

I am a special talent
I will be a blue
character
a personality with major
acting skills
present and professional
in the blue sky
there will be no
corporation
no equipment
no traveling
no auditions
our state of art will be
no production
and this movie will be
done
with understanding only

please note:
Ferdinand will be given
a prior consideration

vereinbarung

ungeachtet der tatsache
dass sie mich
nicht kennen
ist es ein vergnügen
ihnen zu schreiben

aufgrund der natur
ist ein geschäft
eine gute beziehung

alles was ich brauche
ist ihre
vertrauenswürdigkeit
auf dieser grundlage
ist alles vorhanden
für meine befriedigung

heads up higher now

start climbing literally
you'll probably never
be able to make it
happen
because something
is going to occur before
proved to be effective
human and complete

this is a public call
waiting for trials
probably on the day
after tomorrow

sie benötigen
unterstützung

wir verstehen die
bedürfnisse immer
derzeit die frage
warum
wir möchten anerkennung
gut berechnet und
zu einem niedrigen zweck
an sie geben
sollte sie
die not abhalten
wenn sie interessiert
sind?

help me

brothers and sisters
you exist?
I seek for individuals
within and outside

people
anticipate
I will give you
my channel

das bild

die bewegungen gedrillt
wie die eines
opernballetts
das bild ist bezaubernd
laternenanz

du bist biegsamer
williger
als wo ich herkomme
nun er war der kleinste
wohl mir
dass ich weiss
erreichen oder sterben
und alle menschen
ihre bahn den ganzen
planeten sehen
fassungslos
Siddhartha

ich probiere hin und her
so gut

I reached out kindly

here am I high
and without any thoughts
you are facing me now
I thank you for that

I crawled
slowly but solely
with a sword
through the hearts
of people as this is
the new thing to do

I have a very important
information for you

we shall all see
the light of the sun
that is kept warmly
in the pocket
of the saddle

das sicherheitsteam

wir freuen uns
dass sie service
akzeptieren und
ausgesetzt sind

bis sie gegen
das ursprüngliche
gelöscht sind
schützen wir
diesen betrug

appearance of yvonne

when the atmosphere of
beautiful colors
throughout
the room becomes
pleasant
you know this is
yvonne in the mood
to care of plastic
which is
properly cut into
different sizes
this is stylish
sir
madam

so bald wie möglich
hier

bestätigen sie
bestätigung
verwenden sie
beschränkungen
zum bestätigen vorgang
wiederholen

alle
und sie
müssen klicken

what an honor!

early in my twenties
winter has come and
with my sadness
I decided to never ever
work again for money
I am a whale now
stuck
on a plaque of ice
with a latin accent

I do feel I lack
air to breathe
sometimes
but it lasts little
and quickly fades away

geehrter

wir haben ungewohnliche
schritte festgestellt
sie klicken begrenzt
unten fullen sie aktiv

grandma is behind me

I must confess
it's different
to be a pig

I move around
I exist
I talk and drink
warm coffees
ja ja ji ji
is that what you
call a looser?

I have given up on
world wide communication
it comes so easy
but you know
I work until I die

I participate
in a poem reading
my favourite part is
the verse
that reads these lines:

before I say goodbye
I leave you to my poem

geheimnis

ich will sie mein lieber
freund wirklich
nicht belästigen aber
ich muss einfach

sorgen sie sich nicht
oder täglich

die plätze sind begrenzt
sie können nicht
verdienen
und deswegen nicht
teilen
jeder fing schlecht an

sehen sie Donaldson
der ist das einzige
problem

until the task is
accomplished

I don't know
but I have been directed
by God to contact you
I do not want any
telephone
conversation for I
was touched by God
please
I am a dying woman
reply to the motherless
and the unfortunate
through the privilege
of my breast

ich bin ein madchen

ein madchen bin ich
finden sie mich
vielleicht bin ich schon
ein kerl!?

verzeihen sie ich bin
sexy
registriert auf
spitzname und
einfache kommunikation

ich kam zu ihnen
mit schicksal bild
befurchten sie mehr
bilder

sie konnen auf zeit
sexuelle erfahrung sehen
mein freund!

ich warte auf speziell
treffen
sie nicht?
ich denke sehr gerne wie
ein macho mit zuneigung

bald werden sie nichts
dagegen haben dass
mein name ist elena

an dieser stelle konnten
sie nichts mehr
schlechtes vermissen

because there is
you in my life

I urge you to treat this
immediately
this is not a joke
and I will not like you
joke with it
ok?

I am Sir
Gulliver Fritsch
a telex manager
from Paris-France
I am sceptical but
below I will reveal
a big surprise

for I suffer
enable to share a lot
and I'm anxious
not to know anybody

my face is of golden
great difficulties
what is to do
I shall intimate you
if you please let me

ich bin keine anstiftung
sie vielleicht?

ich will behandeln
ich wähle
freundlicherweise
und bei guter gesundheit
ein eindringen in sie
was soll ich sagen
haben sie nachsicht
werden sie vertraut
von einem gegenseitigem
nutzen für uns beide

wenn sie meine
anweisungen richtig
befolgen
vergessen sie
dass ich sie
jemals kontaktiert habe
ich bin der unsichere
insider
ein partner im
verbrechen

ich erwarte einfache
kommunikation
und beste stimmung
60% für mich und 40% für
sie

nach intensiver suche
sie gefunden

plötzlich ist da
ein testament
und ich habe ihren namen
in den unterlagen
- vermögen £ 18.5
million
lassen sie fortsetzen
das erbe

trotz gefahr an den
staat
kontaktiere ich sie
weil ich sie
als erben von herrn
karl heinz holzel
erkläre das ist
kein problem

jedoch in dieser
angelegenheit
gerate ich derzeit
unter freundlichen druck

können sie sich
vorstellen
mit mitteln
des verstorbenen
einen guten anwalt
und damit
zeit zu besorgen?

lassen sie sich manfred
als person aus dem
deutschsprachigen raum
benennen und diskret
greifen

bitte

wir suchen
den grössten
egal wo
falls sie
einen haben
bitte

mit denkwürdigen grüssen

lieber freund
sie lesen
ich hoffe

seit vielen jahren

bei seinen kindern

im königreich
ist unsichere natur
von vorteil
schwere regierung kann
leben gefährden
haben sie nachsicht
mit dr. ron orcel
aus harlesden

I was a monster

the person I was before
I have given up
I am now but a smell
I apologize

a beautiful face
was never given to me
frankly
it's hard to get helped
but I do obey
I follow

sometimes I expire
knowing that
please take comfort
maybe you
are the same

es griff

hoffnung in teilen
und die nächsten
uneingeschränkten
sorgfältig
in die mutterlose
vertraulichkeit
münden

take over friend

did you hit me yesterday
with your boring
nutshell principle
let me tell you
it is small and starts
with a P
you don't need to share
a game
creep up small friend
turn 20 times
act quickly
within the next
48 hours
make a plan
who works is who
there's a friend
coming over
privy to all the details
though I will not be
around

winter has come

and I am still sorry
for the things
I said that night
in the supermarket

busdriver discovered
seagulls love mined
nostalgic washer
to publish poetry
a literary triumph
hypocrite grandma
got stolen by the smoke

is this poetry?
or suffocating thought?

I bled and fought
my friend
I don't drink anymore
sometimes in the evening
as people say

and I can't kick out
my old wife
for her father is
still supporting me
because this is
God's great plan
I obviously declined
but this is how it is

I am greatful for you
taking a step towards me

er starb und hinterliess
diese drei bestrebungen

verwirklichung
die interessiert
seinen status
aus verletzung
und eine menge brief

hi, you can

summer
you give time

fall
our traders are
dedicated to
make guarantee

winter
we help you

spring
let us fill up
with marcus and frank

ich werde
deinen brief warten

wenn du mit mir
abgeschrieben werden
willst:

30 jahre

Joanna Lisiak ist in Polen geboren, lebt seit ihrem zehnten Lebensjahr in der Schweiz. Sie ist Autorin von diversen Büchern im Bereich Lyrik und Prosa. Außerdem Jazzsängerin.

Ob bei Theater- oder Hörspieltexten, ob in der Prosa oder Lyrik: der Humor in seiner Vielfalt, in ironischer, selbstironischer, sprachspielerischer, satirischer, absurder oder anrührend entwaffnender Form, begleitet Lisiaks literarisches Schaffen wie ein roter Faden.

Joanna Lisiak ist unter anderem Mitglied der Autoren der Schweiz (AdS), der Gesellschaft für Zeitgenössische Lyrik, Leipzig (GZL), P.E.N. International Poets, Essayists, Novelists.